AF197876

Mathias Christiansen ist seit vielen Jahren als Autor und freier Texter tätig. Neben seiner Arbeit für Verlage wie Rowohlt und die Verlagsgruppe Random House (Bertelsmann) war er bereits für verschiedene Zeitungen und ein Nachrichten-magazin tätig. Stockholm gehört ohne Frage zu seinen Lieblingsorten auf dieser Welt.

Mathias Christiansen

Kurztrip Stockholm: Drei entspannte Tage in Schwedens Hauptstadt

Wertvolle Insider-Tipps für ein unvergessliches Wochenende

© 2017 Mathias Christiansen
Verlag: tredition GmbH, Hamburg

ISBN
Paperback   978-3-7439-3327-9
Hardcover   978-3-7439-3328-6
e-Book   978-3-7439-3329-3

Printed in Germany

Inhaltsverzeichnis

Trevlig resa till Stockholm! Gute Reise nach Stockholm!

Ein Wochenende in Stockholm. Das ist Romantik pur. Spannend, erlebnisreich, unvergesslich. Schließlich verbinden sich in dieser Stadt skandinavischer Lebensstil, geschichtsträchtige Bauwerke und nette Menschen mit einer bezaubernden Atmosphäre aus faszinierendem Licht, gesunder Luft und jeder Menge Wasser.

Mit dem vorliegenden Büchlein möchte ich Sie einladen zu einem entspannten Kurztrip in das „Venedig des Nordens". Freuen Sie sich darauf, die „kleinste Großstadt und größte Kleinstadt der Welt" kennenzulernen und erleben Sie eine unbeschreibliche Mischung aus Antike und Moderne. Aus sanftem Windhauch und pulsierendem Leben. Aus gemütlichen Gassen und urbanen Zentren. In Stockholm können Kindheitserinnerungen wach werden und neue Lebensziele aufkeimen. In Schwedens einziger Millionenstadt dürfen Sie sich angenommen, eingeladen, ja sogar zu Hause fühlen. Neugierig geworden? Dann machen Sie die Probe aufs Exempel: Reisen Sie nach Stockholm. Für ein unvergessliches Wochenende, welches dank der nachfolgenden Tipps ganz entspannt ablaufen kann.

Beim Verfassen dieses Buches war es mir ein Anliegen, nicht einfach einen weiteren der schon zu Dutzenden in den Buchhandlungen liegenden Reiseführer zu verfassen, sondern Ihnen lebensnahe Tipps rund um die Vorbereitung und Durchführung einer 3-Tage-Kurzreise zu geben. Wer wissen möchte, wann das Vasa-Museum geöffnet hat und welche Exponate dort ausgestellt werden oder wer Informationen zum historischen Hintergrund und der Architektur des Königlichen Schlosses sucht, der kann sich gern beim schwedischen Tourismusbüro mit Prospektmaterial eindecken – in diesem Buch hier gibt es vor allem „Hausmannskost": Gute Tipps für alle, die stressfrei und bestens vorbereitet nach Stockholm reisen möchten.

Ein letzter Hinweis noch: Trotz gründlicher Recherchen und einer aktuellen „Inspektion vor Ort" kann ich leider keine Gewähr für die absolute Richtigkeit aller Angaben übernehmen. Da sich insbesondere Preise rasch ändern können, empfiehlt sich vor dem Beginn der Reise immer ein kurzer Blick auf die Internetseiten der genannten Angebote. Am Ende dieses Buches befindet sich zudem eine Übersicht mit hilfreichen Adressen.

Für den Wechselkurs zwischen der Schwedischen Krone (SEK) und dem Euro (EUR) habe ich den Stand vom 12.06.2017 zugrunde gelegt.

Willkommen in der „Hauptstadt Skandinaviens"

Einmalig, nordisch, attraktiv - Stockholm ist längst mehr als ein Geheimtipp für romantische Individualisten. Die nordeuropäische Metropole verspricht charmante Menschen, urbanes Flair und ein rundum gesundes Klima.

Die Stockholmer sind stolz auf ihre Hauptstadt. Und vielleicht ein wenig kühn, denn wer auf dem Flughafen Arlanda angekommen ist, der wird zunächst einmal mit einem Transparent von überraschendem Inhalt konfrontiert: *„Welcome to the capital of Scandinavia"* – „Willkommen in der Hauptstadt Skandinaviens".

Dass diese liebenswürdige Huldigung an ihre Stadt aber durchaus angemessen ist, wird auch dem Besucher Stockholms schnell klar. Schließlich bietet die Weltstadt im Land der Elche unzählige Sehenswürdigkeiten, viele spannende Freizeit- und Erlebnismöglichkeiten und jede Menge Meer: Eingebettet von Ostsee und Mälarsee schwimmt Stockholm auf nicht weniger als 14 Inseln. Scheint die Sonne auf das Wasser, entsteht ein glitzernder Zauber, dem zu jeder Jahreszeit ein ganz eigener Reiz innewohnt. Im Sommer erlebt man ein fast mediterranes Flair – im Winter fühlt man sich wie in einem Weihnachtsmärchen. Kaum ein Tourist kann sich diesem wunderbaren Lebensgefühl inmitten der Stockholmer Atmosphäre entziehen.

Ob Pippi Langstrumpf, ABBA oder Königin Silvia: Mit Schweden verbinden sich viele bekannte Namen. In Stockholm begegnen sie dem Besucher auf Schritt und Tritt. Hier treffen Sie schwedische Kultur und Geschichte an allen Ecken und Enden.

Lassen Sie sich also mit hineinnehmen in ein faszinierendes Nebeneinander von Tradition und Moderne. Reisen Sie für ein erlebnisreiches Kurztrip-Wochenende nach Stockholm - der schwimmenden Hauptstadt Skandinaviens.

STHLM - Die Schweden lieben es kurz und knackig

Wer nach Stockholm kommt, dem wird nicht verborgen bleiben, dass die Schweden Abkürzungen lieben. Von Straßenschildern über Zeitangaben bis hin zu Ortsnahmen - alles, was irgend möglich ist, wird abgekürzt. Selbst mit dem Namen ihrer geliebten Hauptstadt gehen die Schweden nicht zimperlich um und reduzieren STOCKHOLM auf ganze 5 Buchstaben: STHLM. So einfach geht das. Kurz und knackig. Und genau so soll auch das Wochenende sein, welches Sie in STHLM verbringen: 3 tolle Tage, angefüllt mit vielen schönen Erlebnissen, einem intensiven Blick auf Stadt und Städter und verbunden mit einem guten Eindruck vom besonderen Zauber dieser Stadt.

Damit bei alldem kein Stress aufkommt gilt: Trotz knappem Zeitbudget soll der Ausflug in Schwedens Hauptstadt so entspannt wie möglich verlaufen. Und genau aus diesem Grunde habe ich das vorliegende Buch für Sie geschrieben. Damit Sie rundum gelungene Stunden erleben können. In der Stadt von König Carl XVI. Gustaf und Alfred Nobel. In der Stadt am Meer und dem Meer in der Stadt.

Gute Vorbereitung ist alles

Der frühe Vogel fängt den Wurm. Dieses altbekannte Sprichwort hat seine Berechtigung auch in Sachen Schweden-Reise. Denn mit einer frühzeitigen Vorbereitung lassen sich zumeist die besten Konditionen erzielen. Und das beginnt schon bei den Flügen:

Nicht erst auf den „letzten Drücker": Die Flüge buchen!

Mittlerweile eigentlich eine Selbstverständlichkeit, dennoch für viele Reisende nicht ganz so präsent wie nötig, ist die rechtzeitige Buchung der Flüge. Nur wer die benötigten Tickets beizeiten bestellt, wird auch gute Preise bekommen. Gerade bei den Verbindungen zwischen europäischen Hauptstädten sind viele günstige Flugscheine oft schon frühzeitig vergriffen; das Kontingent ist arg begrenzt. Dies gilt insbesondere für verlängerte Wochenenden, an die sich ein Feiertag anschließt. Um ein günstiges Flugticket in Schwedens Hauptstadt zu ergattern, sollten Sie deshalb möglichst frühzeitig buchen. Nutzen Sie für den Preisvergleich nicht nur die bekannten Angebotssportale, sondern schauen Sie sich auch auf den Webseiten der etablierten Fluggesellschaften um. Bedenken Sie bei der Buchung, dass Sie mit dem auf den ersten Blick günstigsten Tarif nicht immer auch wirklich am besten bedient sind. Gerade beim Überschreiten der eng bemessenen Handgepäck-Freigrenze werden oft saftige Preisaufschläge verlangt. Suchen Sie sich daher vorzugsweise einen Tarif aus, bei dem Sie mindestens ein Gepäckstück von bis zu 23 Kilo inklusive transportieren dürfen. Sehr komfortabel und angenehm ist es zudem, sich den Sitzplatz bereits vorab am heimischen PC auswählen zu können.

Um Ihr Wochenende in Stockholm von der zeitlichen Seite her so optimal wie nur irgend möglich auszunutzen, sollten Sie unbedingt auch von der Möglichkeit des Vorabend-Check-in Gebrauch machen. So sparen Sie am Flughafen viel Zeit und müssen erst zur Boarding-Time am Gate erscheinen. Über die Internetseiten oder eine App der jeweiligen Fluggesellschaft ist das Einchecken schnell und mühelos erledigt. Die benötigte Bordkarte drucken Sie sich entweder selbst aus oder nutzen eine SMS- oder Wallet-Bordkarte direkt auf Ihrem Smartphone.

Wie der Blitz ins Zentrum:
Mit dem Arlanda-Express in 20 Minuten vom Flughafen in die Stadt

Es gibt verschiedene Möglichkeiten, vom Flughafen Arlanda in die 42 Kilometer entfernte Innenstadt von Stockholm zu gelangen. Sie können einen Vorortzug, einen Bus oder auch ein Taxi nehmen. Die mit Abstand komfortabelste, schnellste und auch umweltfreundlichste Verbindung ist jedoch der Arlanda-Express. Mit diesem bis zu 200 km/h schnellen Zug gelangen Sie in nicht mehr als 20 Minuten direkt ins Stadtzentrum. Die gelben Triebwagen verkehren alle 15 Minuten in beide Richtungen zwischen den Terminals des Flughafens und dem Stockholmer Hauptbahnhof „Centralstation".

Insbesondere wenn Sie nur ein kurzes Wochenende in Stockholm verbringen und somit jede Minute auskosten möchten, empfiehlt sich die Benutzung des Arlanda-Express sehr. Zudem ist die Reise in diesem modernen Zug ein echtes Erlebnis: Sie sitzen überaus bequem, haben viel Stauraum für Ihr Gepäck und müssen keine Überfüllung befürchten. Und wenn Sie eines der in jedem Wagen befindlichen WCs aufsuchen, begegnet Ihnen perfekte Sauberkeit und eine helle, freundliche Ausstattung. Selbst die aktuelle Geschwindigkeit, Außentemperatur und Uhrzeit werden Ihnen im Nassraum permanent angezeigt.

Tipp: Buchen Sie die Tickets für den Arlanda-Express mehr als 90 Tage vor der Reise von Zuhause aus! Sie erhalten dann 45 Prozent Rabatt und können pro Erwachsener für moderate 308 SEK (32 EUR) ins Stadtzentrum und wieder zurück zum Flughafen fahren. Für Buchungen bis 30 Tage vor Reisebeginn gibt es immerhin noch 30 Prozent Rabatt und bis zu 14 Tagen vor der Fahrt erhalten Sie 10 Prozent Nachlass.

Mit dem Arlanda-Express in nur 20 Minuten
ins Zentrum von Stockholm

Centralstation: Der Hauptbahnhof von Stockholm

In der City schlafen:
Das richtige Hotel finden

Wer ein Wochenende in Stockholm verbringen möchte, benötigt selbstverständlich auch eine passende Übernachtungsmöglichkeit. Als Hauptstadt und sehr beliebtes Touristenziel verfügt die Metropole über unzählige Hotels, Pensionen und sonstige Beherbergigungsstätten. Im Zentrum und dem nahen Umland finden sich Schlafplätze für jeden Geldbeutel und für alle Ansprüche. Da bei einem 3-Tages-Trip die zur Verfügung stehende Zeit jedoch eng begrenzt ist, empfiehlt sich ein Hotel, welches sich in einer so günstigen örtlichen Lage befindet, dass alle geplanten Besuchsziele von dort aus schnell und mühelos erreicht werden können.

Da ich grundsätzlich nur empfehlen möchte, was ich auch persönlich getestet habe, beschränke ich mich hier auf zwei Hotels: Das Radisson Blu Royal Viking Hotel direkt am Hauptbahnhof in absoluter Zentrumsnähe und das Scandic Talk Hotel an der Stockholmer Messe.

1. Das Radisson Blu Royal Viking Hotel, Vasagatan 1, in 101 24 Stockholm

Direkt am Hauptbahnhofes („Centralstation") und dem zentralen Busbahnhof („Cityterminalen") befindlich, überzeugt das Radisson Blu Royal Viking Hotel vor allem durch seine außerordentlich attraktive Lage. Der Arlanda-Express zum Flughafen kann trockenen Fußes in weniger als 2 Minuten erreicht werden; die Altstadt liegt in greifbarer Nähe.

Hinsichtlich der Zimmerwahl ist die Buchung eines Superior-Rooms ratsam, da dieser im Vergleich zum Standard-Doppelzimmer mit 25 gegenüber 19 Quadratmetern ausreichend dimensioniert ist. Für Hotelgäste ist zudem neben dem mittlerweile allgemein üblichen Internetzugang per WLAN auch die Nutzung des Fitnessraums, des Pools sowie der Sauna inklusive. Das Frühstücksbuffet ist umfangreich und schmackhaft. Alternativ können Sie auch ein Zimmer ohne Frühstück buchen und das Morgenmahl zum Beispiel im nur wenige Meter vom Hotel entfernt gelegenen „Espresso House" (einen Kaffee- und Kuchenshop), einnehmen. Auf diese Weise sparen Sie sich die Kosten für den entsprechenden Aufschlag im Hotel.

2. Das *Scandic Talk Hotel*,
Mässvägen 2, in 12580 Älvsjö

Das direkt an der Stockholmer Messe gelegene Scandic Talk Hotel (ehemals Rica Talk) ist zwar einige Kilometer vom Stadtzentrum entfernt, durch die hervorragende Anbindung an das Nahverkehrsnetz jedoch in nur 10 Minuten mit dem Vorortzug („Pendeltåg") zu erreichen; der Bahnhof Älvsjö ist nicht einmal drei Gehminuten entfernt.

Einer der Vorteile des Hotels besteht in seiner Stadtrandlage, die einen Kurzausflug in die südliche Umgebung Stockholms recht einfach ermöglicht. Wenn Sie also nicht darauf verzichten wollen, den Schärengarten vor den Toren der Stadt persönlich kennenzulernen, können Sie vom Bahnhof Älvsjö in rund einer Stunde mit dem Zug Nynäshamn erreichen und dort frische Ostseeluft schnuppern.

Außerhalb von Messezeiten finden Sie im Scandic Talk mitunter günstigere Übernachtungspreise als in der City. Hier sollten Sie aber stets genau vergleichen. Auf jeden Fall ist das umfangreiche Frühstücksbüfett ein Traum! Eine solch große Auswahl wird man in den meisten anderen Hotels lange suchen müssen.

Standard- und Superior-Zimmer sind im Scandic Talk mit je 24 m² gleich groß. Der Unterschied liegt hier eher in der Ausstattung. So finden sich im Superior-Angebot zusätzlich zu Haartrockner, Schreibtisch, TV, Radio und weiteren Annehmlichkeiten auch kostenfreie Pflegeprodukte, Hausschuhe sowie umfangreiches Kaffee- und Teezubehör. Kostenfreies WLAN ist auch hier in allen Zimmern verfügbar.

Frühes Einchecken beim Hotel erfragen

Welches Hotel man letztendlich wählt, hängt immer auch vom persönlichen Geschmack, dem zur Verfügung stehenden Budget und den freien Zimmerkapazitäten ab. Viele Hotels lassen Sie erst ab 15 Uhr in Ihr Zimmer. Wenn Sie allerdings schon am späten Vormittag in der Stadt eintreffen, geht Ihnen dadurch viel Zeit verloren. Ein heißer Tipp ist es daher, beim Hotel nach der Möglichkeit einer Früh-Anreise („Early Check-in") anzufragen. Schicken Sie am besten rechtzeitig vor Ihrem Reisetermin eine kurze Anfrage per E-Mail an das Hotel und erkundigen Sie sich, ob die Möglichkeit einer früheren Nutzung besteht. Hierfür wird zwar manchmal eine (geringe) Gebühr erhoben, das Geld ist angesichts des höheren Komforts jedoch gut angelegt. Auf jeden Fall sollte es – wie definitiv im Radisson Blu Royal Viking Hotel –

möglich sein, Ihr Reisegepäck auch schon vor dem in der Buchung genannten Zeitpunkt in einem speziellen Aufbewahrungsraum des Hotels abzustellen.

Helle Nächte, lange Winter: Wann sollte man nach Stockholm reisen?

Erstaunlicherweise sind nicht wenige Menschen überrascht zu hören, dass es im Hochsommer in Nordschweden nachts nicht dunkel wird. Was eigentlich zu den Grundkenntnissen der Allgemeinbildung gehören sollte, ist für viele Mitteleuropäer weit weg – sie haben sich einfach noch keine Gedanken darüber gemacht! Doch spätestens wer im Juni oder Juli nach Stockholm kommt, der wird die hellen Nächte erleben und bewundern können. Zwar gibt es in der Stadt – die ja noch viele Kilometer südlich des Polarkreises liegt – durchaus auch im Sommer dunkle Phasen, doch dauern diese nicht sehr lange. Am 21. Juni beispielsweise, dem längsten Tag des Jahres, geht die Sonne in Schwedens Hauptstadt erst um 22.06 Uhr unter und bereits um 3.32 Uhr wieder auf. Dazwischen liegt eine Phase relativer Dämmerung. So richtig dunkel wird es – zumindest bei wolkenlosem Himmel – kaum.

Für Wochenend-Touristen sind daher insbesondere die Sommermonate eine hervorragende Zeit, um Stockholm kennenzulernen. Dank der langen Helligkeit wird man kaum müde und hat in aller Regel viel Kraft und Muße, die Stunden in der Stadt so richtig auszukosten. Mein klarer Tipp daher: Besuchen Sie Stockholm im Juni, Juli oder August. Vor einem übergroßen Menschengewimmel brauchen Sie sich dabei nicht wirklich zu fürchten, denn die Zahl der in die Stadt strömenden Gäste wird durch die vielen Stockholmer ausgeglichen, die den Sommer auf dem Land in ihrer Stuga, ihrem Ferienhaus, verbringen.

Ein beeindruckendes Bild kann man neben alldem Anfang/Mitte Mai erleben: Im Königsgarten („Kungsträdgården") hinter der Königlich Schwedischen Nationaloper und direkt an der gleichnamigen U-Bahn-Station stehen die Kirschbäume in voller Blüte und verwandeln diese innerstädtische Parkanlage in ein rosa Blütenmeer. Das Spektakel ist für Einheimische wie Touristen ein ganz besonderer Anziehungspunkt. Nehmen Sie Platz auf einer Parkbank und genießen Sie diese phantastische Atmosphäre!

Und Stockholm im Winter? Nun ja – trotz aller sicher sehr weihnachtlich geschmückten Straßen und Gassen wäre eine Reise zu dieser Zeit eher nichts für mich. So wie in der alten Anekdote von dem Polizisten aus der nordschwedischen Provinz, der bei der Vernehmung eines Verdächtigen die Frage stellt: „Wo waren Sie in der Nacht zwischen dem 15. Oktober und dem 10. März?", ist mir Schweden in der kalten Jahreszeit zu dunkel. Aber ganz sicher ist das nur meine persönliche Empfindung und ohne Frage gibt es viele Menschen, die sich von der Gemütlichkeit in schwedischen Stuben während der Wintermonate sehr angezogen fühlen. Insofern möchte ich Stockholm im Winter auf keinen Fall schlecht machen - nur für mich ist und bleibt die Stadt ein Sommertraum.

Kirschblüte im Kungsträdsgården

Tore am Reichstagsgebäude (Riksdagshuset)

In Stockholm unterwegs

Wer nach Stockholm kommt, findet sich in einer Stadt wieder, in der fast alles dicht beieinander liegt. Die meisten Sehenswürdigkeiten lassen sich bequem zu Fuß erreichen; das Angebot an Museen ist groß. Gleichwohl empfiehlt es sich, mit einer Mehrtages-Fahrkarte schnell und unabhängig hin- und herfahren zu können. Eine Möglichkeit, Eintrittspreise und Nahverkehrsticket zu kombinieren, ist der Stockholm-Pass.

Lohnt sich der Stockholm-Pass?

Wie in vielen anderen Großstädten gibt es auch in Stockholm eine Touristen-Karte, mit der freier (oder zumindest vergünstigter) Eintritt zu zahlreichen Museen, Ausstellungen und sonstige Besuchermagneten angeboten wird. In Schwedens Hauptstadt heißt dieses Ticket „Stockholm-Pass". Die ehemals unter der Bezeichnung „Stockholm-Card" vertriebene kleine Plastikkarte verspricht aktuell unter anderem freien Zugang zu mehr als 60 Sehenswürdigkeiten in und um Stockholm. Darunter befinden sich nicht nur das Vasa-Museum, das Freiluftmuseum „Skansen" und der Königspalast, sondern auch Highlights wie der Besuch von

Schwedens ältestem Vergnügungspark „Gröna Lund", die Benutzung der Hop-on/Hop-off-Busse und -Boote sowie eine Fahrt mit dem SkyView hoch hinauf auf den Ericsson Globe.

Stünde genügend Zeit zur Verfügung, könnte man als Tourist mit entsprechendem Interesse durch die Nutzung des Stockholm-Passes im Vergleich zu den teilweise recht hohen Einzelpreisen vermutlich eine hübsche Summe Geld sparen. Allerdings werden nur die wenigsten Kurzreisenden Lust auf einen Museen-Marathon haben und sich stattdessen auf den Besuch einiger weniger Höhepunkte beschränken. Im Hinblick auf den mit 995 SEK (102 EUR) für einen Erwachsenen recht üppigen Preis des 72-Stunden-Passes sollte die Entscheidung für dieses Angebot daher gründlich überlegt werden. Dies insbesondere vor dem Hintergrund, dass – im Gegensatz zu ähnlichen Angeboten manch anderer Städte – für die Benutzung der Öffentlichen Verkehrsmittel Stockholms als Ergänzung zum Stockholm-Pass auch noch die sogenannte Travelcard benötigt wird. Und diese Option geht abermals ins Geld: In der billigsten Variante für 24 Stunden müssen Touristen dann immerhin 715 SEK (74 EUR) für die inkludierte Fahrtberechtigung hinlegen. Bei einer – in unserem Fall nötigen – 72-Stunden-Version kostet der Pass mit Travelcard bereits stolze 1.235 SEK (127 EUR). Und nicht zuletzt dürfen auch die Versandkosten für die Zusendung des Stockholm-Passes nicht vergessen werden. Diese liegen aktuell bei 80 SEK (8,20 EUR). Zwar ließe sich der Pass auch versandkostenfrei direkt in einer Abholstelle in Stockholm besorgen - doch das würde auch wieder wertvolle Zeit kosten.

Fazit: Der Stockholm-Pass ist teuer und nur in den seltensten Fällen eine klare Empfehlung für Kurzreisende.

Die Alternative für Metro und Bus in STHLM: Die Access-Card für 72 Stunden

In Stockholm mit öffentlichen Verkehrsmitteln von A nach B zu kommen, ist außerordentlich einfach und bequem. Neben zahlreichen Buslinien, die praktisch die gesamte Stadt durchziehen, sind vor allem zwei schienengebundene Fortbewegungsmittel sehr empfehlenswert: Die Metro („Tunnelbanan" oder - getreu des Abkürzungsfimmels – „T-bana" genannt) und die Nahverkehrszüge der SL („Pendeltåg"). Auf verschiedenen Linien lassen sich mit ihnen so gut wie alle für Touristen relevanten Orte erreichen; die Taktdichte ist erfreulich hoch.

Damit Sie als Stockholm-Besucher aber nicht für jede Fahrt ein neues Ticket erwerben müssen und obendrein noch kräftig sparen, empfiehlt sich der Kauf einer sogenannten SL-Access-Card, die Sie für einen Grundpreis von 20 SEK (2 EUR) am besten gleich nach Ihrer Ankunft an einem der bedienten Schalter im Hauptbahnhof („Centralstation") erwerben und direkt mit einem 72-Stunden-Ticket („72-timmarsbiljett") aufladen lassen. Dieses Ticket kostet aktuell für Personen ab 20 Jahre und bis einschließlich 65 Jahre 240 SEK (24,60 EUR). Kinder, Jugendliche und Senioren profitieren von Rabatten und können das ermäßigte Ticket für 160 SEK (16,40 EUR) erwerben. Nach dem erstmaligen Einsatz des Tickets (es muss nur kurz über die kontaktlosen Lesepunkte an den Bahnhöfen oder vorn im Bus gehalten werden) ist es dann genau 72 Stunden lang gültig. Genügend Zeit, alle wichtigen und interessanten Orte in der Stadt zu erreichen.

Übrigens: Wenn Sie Ihre SL-Access-Card aufheben, haben Sie nicht nur ein nettes Souvenir aus STHLM, Sie können die Karte bei Ihrem nächsten Besuch in der Stadt auch bequem wieder verwenden: Einfach am Schalter oder einem der unzähligen Automaten mit einem neuen „72-timmarsbiljett" aufladen und fertig!

Überall gut ankommen:
Mit der Access-Card der Stockholmer Verkehrsbetriebe (SL)

Stockholm-Underground:
Die Stationen der „Tunnelbanan" sind sauber und hübsch gestaltet

Essen, trinken, zahlen

Skandinavisches Essen ist lecker! Und zwar vom Frühstück bis zum Abendbrot. Wenn Sie nach Stockholm kommen, sollten Sie daher unbedingt die landestypischen Gerichte ausprobieren. Das muss nicht unbedingt Elchfleisch oder Gravad Lachs sein – auch vielerlei Gebäck gehört zu den empfehlenswerten Köstlichkeiten.

Tagesgerichte, Snacks und Appetizer – Den Hunger stillen

In Schweden spielt gepflegte Tischkultur eine wichtige Rolle. Die Stockholmer lieben es, Essen zu gehen. Und das zur Mittagszeit genauso wie am Abend. Angesichts der vielen leckeren Speisen ist es grundsätzlich auch für den Wochenend-Touristen empfehlenswert, eines (oder mehrere) Restaurants der Stadt aufzusuchen. Gerade weil die Nachfrage aber so groß ist, sollte – vor allem in angesagten Lokalen wie dem „Lilla Ego" in der Västmannagatan oder dem „Mathias Dahlgren Matbaren" am Soedra Blasieholmshamnen immer rechtzeitig ein Tisch bestellt werden. Zu beachten ist ferner, dass die Preise für Getränke und Speisen fast immer erheblich teurer sind, als in Deutschland. Dies gilt übrigens ganz generell für alle Restaurants und selbst für Fast Food. Sie sollten sich daher also nicht wundern, wenn sogar Spaghetti Bolognese in manchen Lokalen mit 200 SEK (20,50 EUR) zu Buche schlagen.

Eine günstige und vielfach nachgefragte Alternative ist das „Dagens rätt", das Tagesmenü: Viele größere und kleinere Restaurants bieten ein bestimmtes Gericht pro Tag als Mittagsmenü zu moderaten Konditionen an. Zur eigentlichen Hauptspeise werden hier zumeist auch ein Salat, ein Getränk und oft auch eine Tasse Kaffee als Nachtisch gereicht – alles im Preis inbegriffen.

Unbedingt zu empfehlen ist auch die Verkostung der traditionellen schwedischen Zimtschnecken. In der Landessprache heißen sie „Kanelbullar" und auch wer sie von IKEA kennt, der sollte sie einmal direkt vor Ort probieren und schauen, ob der Geschmack nicht vielleicht ganz anders und noch viel besser ist. Weite Wege braucht man dazu nicht zurückzulegen, denn „Kanelbullar" gibt's in jedem „Pressbyrå" - den stadtweit verbreiteten Zeitungsläden, die sich in so gut wie jedem U-Bahnhof befinden. *„En kanelbulle och en kaffe, tack!"*, „Eine Zimtschnecke und eine Tasse Kaffee, bitte!" ... Hmm! Lecker!

Wer zahlt denn noch mit Bargeld?
Die Stockholmer und das Plastik-Money

Irgendjemand hat kürzlich die These aufgestellt, man würde deutsche Touristen in Stockholm vor allem an einem erkennen: Dass sie mit Bargeld bezahlen wollen. Ein derartiges Verhalten bundesrepublikanischer Urlauber ist deshalb so auffällig, weil man in Schweden schon seit längerer Zeit fast ausschließlich mit Plastik bezahlt. Wer das nicht tut, fällt auf.

Schon Mitte der 1990er Jahre war es zwischen Skåne und Lappland absolut üblich, in jedem Supermarkt auch für kleinste Einkäufe eine Kreditkarte zu benutzen. In Zeiten, in denen VISA & Co. hierzulande noch exotische Zahlungsmittel waren, zahlte im Norden bald jedes Kind mit seinem guten Namen. Brauchte man seinerzeit manchmal doch noch etwas Bargeld für das eine oder andere Geschäft, holte man es nur selten aus einem Geldautomaten oder von der Bank. Viel eher ließ man es sich an der Kasse im Tante-Emma-Laden auszahlen. Insofern besteht die Affinität zum Plastikgeld in Schweden schon seit langem.

Und was in Kaufhäusern, an Tankstellen und Restaurants begann, ist heute längst auch beim

Bäcker, am Imbissstand und sogar auf öffentlichen Toiletten gang und gäbe: Allerorts wird mit Karte bezahlt. Selbst der Eintritt in manche Sehenswürdigkeiten oder zu Besuchermagneten ist in Stockholm nur noch per EC- oder Kreditkarte möglich. So nennt sich beispielsweise das ABBA-Museum „Kontantfritt museum", bargeldloses Museum. Keine Banknoten und Münzen anzunehmen sei sicherer und effektiver für die Besucher und das Personal, so das Museum. Und auch der Lebensmittelmarkt „Hemköp" unterhalb des Kaufhauses Åhléns im Zentrum der Stadt ist eine „totalt kontantfri butik", wie ein großer Aufsteller am Eingang verkündet.

Da allerdings vielen deutschen Touristen ein wenig mulmig ist, so ganz ohne Geld im Portemonnaie, kann die Abhebung eines geringen Betrages von vielleicht 1.000 SEK (102,50 EUR) an einem Geldautomaten eine gute und beruhigende Möglichkeit sein. Bankomaten finden Sie sowohl direkt am Flughafen Arlanda, im Hauptbahnhof („Centralstation") oder dem direkt gegenüber gelegenen Busbahnhof („Cityterminalen"). Auch zahlreiche Supermärkte verfügen (noch) über Geldautomaten.

Helle Nächte: Anfang Juni um 22.45 Uhr in der Drottninggatan

Stockholm ist eine ebenso entspannte wie lebendige Stadt

Was erleben, was sehen? - „Geheimtipps" in Stockholm

Wie ich eingangs erwähnt habe, soll dieses Buch kein klassischer Reiseführer sein, in dem der Leser Informationen zu den bekanntesten Sehenswürdigkeiten Stockholms findet. Vielmehr möchte ich neben hilfreichen Hinweisen für eine gelungene Vorbereitung und einen entspannten Aufenthalt in der Stadt vor allem ein paar nicht überall auf den ersten Blick zu findende Besuchsziele nennen. „Geheimtipps" sozusagen.

Wer für ein Wochenende nach Stockholm kommt und neben dem, was sich fast alle Touristen ansehen auch weniger bekannte, aber nicht minder attraktive Besuchsziele kennenlernen möchte, der findet nachfolgend fünf Vorschläge.

Zugegeben, der eine oder andere Tipp ist nicht mehr wirklich geheim, aber neben Königsschloss, Vasa-Schiff und dem neuen ABBA-Museum gibt es eben noch viele weitere Orte, die es sich aufzusuchen lohnt. Immer mit dem Motto: Stressfrei und ganz entspannt!

Bootsfahrt zwischen den Inseln der Stadt

In so gut wie jedem Film, der in Stockholm spielt, sind sie zu sehen: Die Boote und Fähren, die zwischen den einzelnen Stadtteilen verkehren.

Insbesondere die Djurgårdsfärjan, welche von Slussen in Gamla Stan zur Allmänna gränd auf Djurgården fährt, ist dabei sehr beliebt. Teilweise läuft die Fähre auch die Insel Skeppsholmen an. Auf der Fahrt bieten sich – vor allem bei gutem Wetter – viele eindrucksvolle Blicke auf Stockholm. Toll: Die Fähren können als Bestandteil des Öffentlichen Personennahverkehrs problemlos mit dem Ticket der Stockholmer Verkehrsbetriebe (SL) genutzt werden.

Historische Straßenbahn nach Skansen/Waldemarsudde

In den Sommermonaten verkehrt an Wochenenden eine historische Straßenbahn auf der sogenannten „Djurgårdslinje" zwischen dem Norrmalmstorg und Waldemarsudde bzw. Skansen auf der Insel Djurgården. Neben dem Vasa-Museum, dem Nordischen Museum und dem weit über die Tore Stockholms hinaus bekannten Freilichtmuseum Skansen mit dem Vergnügungspark „Gröna Lund" befindet sich hier auch das ABBA-Museum.

Insbesondere für Technikbegeisterte und Straßenbahnfans ist die Fahrt im „Spårvagn" ein Erlebnis! Zudem verkehrt in der Zeit von Ende März bis zum 3. Advent jeden Samstag und Sonntag etwa alle halbe Stunde ein Caféwagen auf der Strecke. In diesem gibt es Kaffee, Tee, Kakao, alkoholfreie Getränke sowie frisch gebackenes Brot.

Kaknästornet

Der Stockholmer Fernsehturm „Kaknästornet" gehört nicht unbedingt zu den bekanntesten Touristenzielen der Stadt. Eigentlich zu Unrecht, denn von der 155 Meter hohen Aussichtsplattform hat man eine grandiose 360-Grad-Rundumsicht. Zudem gibt es ein Café mit großflächigen Glasscheiben, in dem leckere Kuchen und Sandwiches angeboten werden. Auch ein Restaurant ist vorhanden. Zu erreichen ist der Turm vom Stadtzentrum aus in gut 20 Minuten mit einem Bus der Linie 69. Ein Tipp: Besuchen Sie den Kaknästornet zur „Blauen Stunde" bei Sonnenuntergang. Der Blick auf Stockholm ist atemberaubend! Allerdings ist dies wegen der Öffnungszeiten grundsätzlich nur im frühen Frühjahr, dem Spätherbst oder im Winter möglich. Im Sommer schließt der Turm um 22 Uhr. Und da ist es in STHLM zumeist noch weitgehend hell.

Der „Balkon" auf der Fjällgatan: Die schönste Aussicht auf die Stadt

Wer auf der Suche nach dem besten Platz für die schönste Aussicht auf Stockholm ist, für den gibt es nur ein Ziel: Die Fjällgatan auf Södermalm. Von hier aus reicht die Sicht über die ganze Stadt. Angefangen bei Gamla Stan über die Inseln Djurgården und Skeppsholmen bis hinaus zum Fernsehturm Kaknästornet.

Vom Zentrum aus erreichen Sie den von vielen Stockholmern gern als „Balkon der Stadt" bezeichneten Ort am besten mit einem U-Bahn-Zug der grünen Linie Richtung Hagsätra, Farsta Strand oder Skarpnäck. Steigen Sie an der Station „Medborgarplatsen" (Fahrzeit: 4 Minuten) aus und folgen Sie der Folkungagatan. An der Ecke Erstagatan biegen Sie nach links ab und nehmen den steilen Aufstieg zur Fjällgatan. Schon sind Sie da und können die wundervolle Aussicht genießen!

Nicht mehr ganz geheim: Der „SkyView" auf dem Ericsson Globe

Die Stockholmer Veranstaltungsarena „Globen" bietet seit Anfang 2010 einen ebenso spannenden wie ungewöhnlichen Anziehungspunkt für Stadtbesucher: Den „SkyView – On top of the Globe". In zwei Glasgondeln, welche jeweils maximal 16 Personen Platz bieten, kann man an der Außenseite des Globen entlang auf Schienen bis auf den höchsten Punkt des runden Daches fahren. Dort, in stolzen 130 Metern über dem Meer, bietet sich ein faszinierender Ausblick. Allerdings ist der „SkyView" nichts für Menschen mit Höhenangst!

Im Sommer und zu Ferienzeiten kann es am „SkyViev" durchaus einmal etwas voller werden. Insofern gehört diese Attraktion nicht wirklich zu den „ganz entspannten Orten" in Stockholm. Aber manchmal tut ein bisschen Abwechslung ja gerade gut.

Kaknästornet – Stockholms Fernsehturm

Wasser, Wasser, Wasser – und Fähren inmitten der Stadt

Kostenlos ins Schloss: Jedes Jahr am 6. Juni

Wer während seines Aufenthaltes in Stockholm gerne einen Blick in das außerordentlich sehenswerte Königsschloss werfen möchte, dem sei als Reisezeitpunkt Anfang Juni empfohlen. Der Grund: Am 6. Juni, dem schwedischen Nationalfeiertag, müssen Schloss-Besucher nicht die sonst üblichen 170 SEK (17,40 EUR) Eintritt zahlen, sondern kommen kostenlos in den Genuss einer Palastbesichtigung. Am Nationalfeiertag lädt das schwedische Königshaus regelmäßig mit der Veranstaltung „Öppet Slott" („Offenes Schloss") zu einem Besuch des Königspalastes und aller damit verbundenen Bereiche und Räumlichkeiten ein. Sowohl Schloss als auch Schlossgarten und -hof sind den Besuchern an diesem Tag entgeltfrei zugänglich.

Im Schlosshof stehen nicht nur eine Reihe von Attraktionen für Kinder bereit, es gibt auch verschiedene kunsthandwerkliche Produkte zu kaufen. Überdies lässt es sich – entsprechendes Wetter vorausgesetzt – wunderbar bei einer Tasse Kaffee und einem Stück original schwedischem Kuchen in der Sonne sitzen und das royale Flair genießen.

Auch die Räumlichkeiten im Schloss sind einen Blick wert! So kann beispielsweise die repräsentative Gästewohnung sowie die Wohnung der Königsfamilie Bernadotte besichtigt werden. Auch das im Schloss befindliche historische Museum „Tre Kronor" (Drei Kronen) ist offen und ohne Eintrittsgeld zugänglich.

Die Zeremonie am Nationalfeiertag wird in aller Regel von einem Mitglied der Königsfamilie mit eine kurzen Ansprache eröffnet. Mit dabei ist oft auch eine Militärmusikkapelle. Auf jeden Fall herrscht eine großartige Stimmung und ein Besuch kann allen Touristen nur wärmstens empfohlen werden, die an einem 6. Juni in Stockholm weilen.

Veranstaltung „Öppet Slott" am Nationaltag

Kostenloser Eintritt in Schlosshof und Innenräume

Besondere Einkaufsideen

Unter dem Motto „Sweetest Shop in Stockholm" finden Liebhaber zuckerhaltiger Leckereien in der Drottninggatan 14 ein absolut sehenswertes Fachgeschäft für Süßwaren aller Art. Seit mehr als 25 Jahren bietet das Familienunternehmen „Karamell Affairen" hier Schokolade, gelatinehaltige Produkte, Eiskonfekt, Pralinen und viele weitere Süßigkeiten für Groß und Klein. Ein Besuch des „Karamell Affairen" lohnt sich dabei zu jeder Jahreszeit, denn ob im Sommer ein frisches Eis gewünscht ist oder in der Vorweihnachtszeit schon an den bunten Teller gedacht wird – in diesem Laden wird jeder fündig. Auch wer selbst keine Süßigkeiten essen darf oder will, wird seine Freude an der Vielzahl der überaus liebevoll präsentierten Produkte haben. Bei einem Bummel über die Drottninggatan sollte also unbedingt ein Besuch des „Karamell Affairen" mit eingeplant werden.

Ein anderes interessantes und überaus sehenswertes Geschäft befindet sich an der Kreuzung Drottninggatan/Fredsgatan: Im „Nordic Designs Stockholm" werden alle nur denkbaren skandinavischen, vor allem aber schwedischen Designprodukte angeboten. Vom kristallenen Teelichthalter über Tischläufer und Schmuck bis hin zu Miniaturen und Porzellanartikeln ist alles dabei. Ob als eigene Erinnerung an einen bezaubernden Aufenthalt in Stockholm oder als Geschenk für die Lieben daheim - im „Nordic Designs" ist die Auswahl an ebenso hochwertigen wie typisch schwedischen Produkten riesengroß.

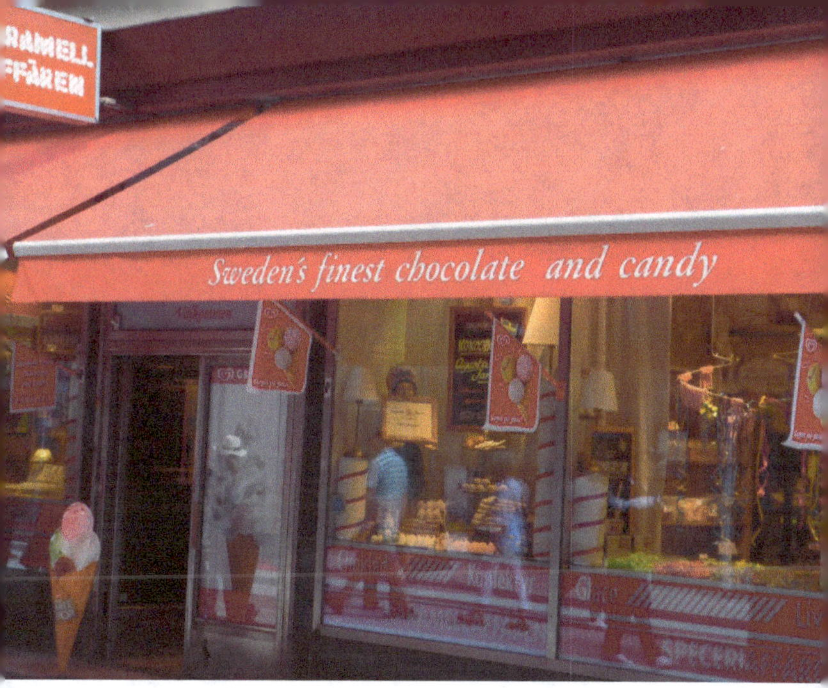
Sweden's finest chocolate and candy

„Karamell Affairen" Drottninggatan 14

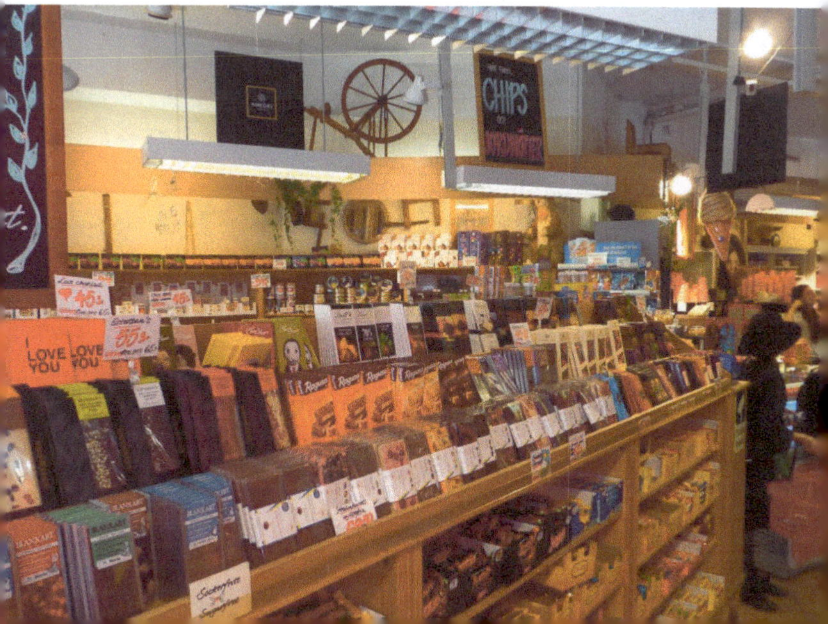
CHIPS
LOVE YOU
LOVE YOU

Stockholm ist zu jeder Tageszeit attraktiv

Und dann noch ...

Auf so gut wie jeder Reise gibt es unerwartete Momente und nicht vorhersehbare Ereignisse. Die können sowohl positiver als auch negativer Natur sein. Gut vorbereitet halten sich unschöne Überraschungen aber zumeist in Grenzen.

Hjälp, jag pratar inte svenska!
Hilfe, ich spreche kein Schwedisch!

Wer seine erste Reise nach Stockholm plant, wird sich früher oder später die Frage stellen, wie es denn wohl mit der Verständigung klappen wird. Da nur wenige Schweden Deutsch sprechen, wird eine Konversation in der Heimatsprache zumeist ausscheiden. Doch keine Angst! Mit mäßigen Englischkenntnissen, ein wenig Phantasie und gutem Willem kann man sich fast immer verständigen. Und wenn Sie sich ein paar grundlegende schwedische Wendungen wie „Hallo!" („Hej!"), „Danke!" („Tack!") und „Auf Wiedersehen" („Hej då") einprägen, kann eigentlich nichts mehr passieren. In Hotels, am Flughafen, den Bahnhöfen und vielen wichtigen Orten in der Stadt ist zudem ohnehin alles auch in Englisch ausgeschildert.

Was tun im Krankheitsfall?

Auch während eines Kurztrips kann es passieren, dass man von einer plötzlichen Erkrankung oder von akuten Schmerzen überrascht wird. In einem solchen Fall stellt sich schnell die Frage: Was tun?

Grundsätzlich besteht bei nicht lebensbedrohlichen Erkrankungen immer die Möglichkeit, sich unter der schwedenweit einheitlichen Rufnummer 1177 bzw. über das Internet über www.1177.se rund um die Uhr und an allen Tagen im Jahr Rat und Hilfe zu holen. Nach Kontaktaufnahme zur Servicezentrale des medizinischen Dienstes („Vårdguiden") erfolgt dabei zumeist der Rückruf durch eine diensthabende Krankenschwester, welche je nach Art und Schwere der Symptome über weitere Maßnahmen entscheidet. Dies kann entweder in einer direkten Beratung oder auch in der Überweisung an ein regionales Gesundheitszentrum („Vårdcentralen") oder an die Rettungsstelle („Akutmottagning") eines Krankenhauses (Sjukhus) münden.

Alternativ können Sie sich selbstverständlich immer auch gleich an ein Gesundheitszentrum oder ein Krankenhaus wenden. In Stockholm steht Ihnen als Rettungsstelle vor allem die Notaufnahme des Capio S:t Görans Sjukhus rund um die Uhr zur Verfügung. Diese finden Sie am Sankt Göransplan 1.

In lebensgefährlichen Situationen (beispielsweise bei Enge in der Brust, Herzschmerzen oder plötzlichen Seh- oder Sprachstörungen) sollten Sie nicht zögern, unmittelbar den Rettungsdienst unter der europäischen Notrufnummer 112 zu verständigen. In einer Großstadt wie Stockholm ist eine schnelle medizinische Versorgung in aller Regel sichergestellt.

Hinsichtlich der Bezahlung medizinscher Hilfe gilt: Aufgrund des europäischen Sozialversicherungsabkommens kommen deutsche Touristen in de Genuss derselben Leistungen wie Schweden. Bei jeder Behandlung fallen grundsätzlich Gebühren in einer Größenordnung von ca. 100 SEK bis rund 350 SEK (etwa 10 EUR bis 36 EUR) an. Die Rechnung müssen Sie direkt bezahlen. Am liebsten natürlich (vgl. Kapitel „Wer zahlt denn noch mit Bargeld?") per EC- oder Kreditkarte. Die Vorlage Ihrer Krankenversicherungskarte kann die spätere Abrechnung bzw. Rückerstattung verauslagter Gebühren in Deutschland vereinfachen.

Wenn Sie Medikamente (wie beispielweise leichte Schmerzmittel) benötigen, bekommen Sie diese in aller Regel in den stadtweit häufig zu findenden Apotheken („Apotek"). Beachten Sie aber, dass viele Arzneimittel in Schweden rezeptpflichtig sind! Nehmen Sie daher dringend benötigte Medikamente immer auf die Reise mit.

Mit Handicap unterwegs –
Stockholm für Mobilitätseingeschränkte

Nachdem der schwedische Reichstag vor einigen Jahren den Entschluss fasste, das Land behindertengerecht zu gestalten und mobilitätseingeschränkten Menschen den Zugang zu so gut wie allen öffentlichen Bereichen zu ermöglichen, hat sich auch in Stockholm viel getan. Die meisten bis dato bestehenden Hindernisse wurden beseitigt, neue Wege, Aufzüge und Rampen gebaut. Überdies wurden Sehenswürdigkeiten, Theater und vor allem die Stationen der Metro so umgestaltet, dass sie nicht nur gut mit Rollstühlen und Rollatoren erreicht werden können, sondern dass auch alle Informationen auf einfache Weise wahrnehmbar sind. Mittlerweile gilt Stockholm als eine der am besten zugänglichen Hauptstädte der Welt.

Einkäufe und Geschenke sicher nach Hause bringen

Viele Reisende kennen die Situation: Man reist ganz entspannt nur mit Handgepäck an den Urlaubsort und sieht dort viele Dinge, die einen Kauf wert wären. Angesichts der von den Fluggesellschaften vorgeschriebenen Freimengen tut sich damit aber eine Herausforderung auf. Denn wie lässt sich zusätzliche Fracht sicher und einfach befördern?

Eine sehr empfehlenswerte und überaus leicht handhabbare Möglichkeit ist die Verwendung sogenannter Faltkoffer oder Falttaschen. Diese extra für derartige Zwecke geschaffenen Produkte sind im zusammengefalteten Zustand oft nicht größer als ein 10-Zoll-Tablet, bergen in sich aber ein großartiges Füllvolumen. Je nach Modell können bis zu 80 Liter in den dünnen und leichten Taschen transportiert werden. Da sie für die harten Anforderungen der Fluggepäck-Beförderung konzipiert sind, kann den Taschen auch das Werfen auf Vorfeld-Karren und der Weg über die Gepäckförderbänder nichts anhaben. Achten Sie trotzdem beim Kauf auf eine gute Qualität. Beschaffen Sie sich zusätzlich Kofferband und ein kleines Schloss, mit dem Sie die Reißverschlüsse der Tasche zusperren können. Auf jeden Fall eröffnet Ihnen die Benutzung von Falttaschen eine hervorragende Möglichkeit, auf dem Hinflug leicht und beschwingt mit Handgepäck zu reisen und bei Bedarf auf dem Rückweg auch umfangreichere Einkäufe gut und sicher nach Hause zu bringen.

Apropos nach Hause bringen: Wenn Sie von Ihrem Kurztrip nach Stockholm zurückkehren, werden Sie ganz sicher vor allem eines im Gepäck haben: Viele tolle Erinnerungen an die großartige Zeit in einer phantastischen Stadt. Und vielleicht sogar die Sehnsucht, schon bald wieder dahin zurückzukehren ...

HÄLSANS
HUS

Fjällgatan

Hilfreiche Adressen

Stockholms Tourismuszentrale
Stockholm Visitor Center
Kulturhuset
Sergels Torg 3-5
103 27 Stockholm
Telefon: ++46 8 508 28 508
touristinfo@stockholm.se
www.visitstockholm.com

Arlanda Express
(Ticketbuchungen)
www.arlandaexypress.com

Deutsche Botschaft in Stockholm
Skarpögatan 9
115 27 Stockholm
Telefon: ++46 8 670 15 00

Anfahrt:

Metro (Tunnelbana): Rote Linie, Station Karlaplan, dann Vallhallavägen in Richtung Gärdesgatan benutzen.

Bus: Linie 69 Richtung Blockhusudden bis zur Haltestelle Ambassaderna, linke Richtung.

Notfall-Notruf: 112

Servicezentrale des medizinischen Dienstes
(„Vårdguiden") 24/7
Telefon: 1177
www.1177.se

Notfallkrankenhaus / Rettungsstelle:
Capio S:t Görans Sjukhus
Akutmottagningen
S:t Göransplan 1
112 81 Stockholm

Anfahrt:

Metro (Tunnelbana): Blaue Linie bis Fridhemsplan;
Ausgang zum S:t Görans Sjukhus oder Grüne Linie
bis Fridhemsplan, Ausgang zum
Drottningholmsvägen.

Bus: Linie 1, 3 oder 4 bis zur Haltestelle
Fridhemsplan oder Linie 56 bis zur Haltestelle S:t
Görans Sjukhus.

Zeitfracht Medien GmbH
Ferdinand-Jühlke-Straße 7
99095 Erfurt, Deutschland
produktsicherheit@kolibri360.de